D1854858

Das unicef-Bilderbuch für Weihnachten

Bilder und Geschichten aus sechzehn Ländern
Begleitwort von Peter Ustinov

Deutsche Textfassung von Salah Naoura

Ravensburger Buchverlag

Auskünfte über die Arbeit von UNICEF erteilen:

in Deutschland:
UNICEF Deutschland
Höninger Weg 104
D-50939 Köln

in der Schweiz:
UNICEF Bureau Genève
Palais des Nations
CH-1211 Genève 10

in Österreich:
Österreichisches Komitee
für UNICEF
Wagramer Strasse 5
A-1400 Wien

Wir danken dem Verlag Neugebauer Press, Salzburg für die Genehmigung des Nachdrucks einer Illustration von Lisbeth Zwerger aus dem Buch: „Ein Weihnachtsmärchen" von Charles Dickens, 1988.
Wir danken Elisabeth Borchers für die Genehmigung eines Teilabdrucks der Dichtung „Schöner Schnee", © 1971 by Elisabeth Borchers.
Wir danken Ulises Wensell, Madrid, für die Gestaltung des Vorsatzes.

© 1994 by Ravensburger Buchverlag Otto Maier GmbH
Satz: Eduard Weishaupt, Meckenbeuren
Repro: Photolitho AG, Gossau ZH
Druck und Bindung: Soc. Editoriale Libraria, Triest
Redaktion und Bearbeitung: Gisela Stottele, Ravensburg
ISBN 3-473-33465-0

Inhalt

Illustratoren

Die mit dem „International Illustrators of the Year Award“ ausgezeichneten Künstler

Alan Marks lebt in England und der Grafschaft Kent. Er hat in Southampton studiert. Seine Bilderbücher sind u. a. deutschsprachig im Verlag Neugebauer Press, Salzburg erschienen.

Fabio Sironi ist Italiener. Er lebt als freier Illustrator und Grafikdesigner in Mailand. Er hat dort an der Kunstschule und an der Brera-Akademie studiert. Er wurde auch durch Cartoons für die Zeitung „Il Giorno“ bekannt.

Lisbeth Zwerger lebt in Wien. Sie ist eine der international bekanntesten Illustratorinnen. Sie hat viele Preise gewonnen, u. a. den H.-Chr.-Andersen-Preis (1990). Ihre Bücher sind in über zwanzig Ländern erschienen. Die deutschen Ausgaben hat sie mit dem Verlag Neugebauer Press erarbeitet.

Dušan Kállay lebt in Bratislava/Slowakei. Seine Bilder und Bücher sind weit über die Grenzen seines Landes bekannt geworden, er wurde vielfach international ausgezeichnet, u. a. mit dem H.-Chr.-Andersen-Preis (1988).

Anne Romby ist in Frankreich geboren. Heute lebt sie als freie Grafikerin in Straßburg. Sie hat in Reims und Straßburg studiert. Ihre zahlreichen Bilderbücher sind in Frankreich und Japan erschienen.

Thomas Matthaeus Müller, in Gera/Deutschland geboren, lebt in Leipzig. Dort hat er an der Hochschule für Graphik und Buchkunst studiert. Erste Bilderbuchillustrationen erschienen im Kinderbuchverlag Berlin.

Rimvydas Kepežinskas, in Kaunas/Litauen geboren. Er lebt in Vilnius, wo er auch an der Staatl. Kunsthochschule studiert hat. Seine Bilderbücher sind im litauischen Verlag Vyturys und im Verlag Neugebauer Press, Salzburg erschienen.

Eve Tharlet ist Französin. Sie hat in Straßburg studiert und seit 1982 viele Bilderbücher für kleine Kinder illustriert, die in Frankreich, England, Österreich, Deutschland und Japan erschienen sind.

John Rowe wohnt in Südengland, nachdem er jahrelang in Australien gelebt hat. Die deutschsprachigen Ausgaben seiner Bilderbücher erscheinen im Verlag Neugebauer Press, Salzburg.

Rosario Valderrama ist in Mexiko City geboren, wo sie auch heute lebt. Sie hat ihre künstlerische Ausbildung in Mexiko und in Mailand erhalten. Sie arbeitet für Verlage in Mexiko.

Kristiina Louhi ist in Finnland zu Hause. Sie lebt als freie Illustratorin in Järvenpää. Sie studierte in Helsinki. Die Serie ihrer Bilderbücher mit „Lena“-Geschichten sind auch in Deutschland erschienen (Gerstenberg Verlag).

Pierre Pratt ist in Montreal/Kanada geboren. Dort lebt er auch heute als freier Grafiker. Seine Bilderbücher sind in kanadischen Verlagen wie auch in Frankreich und Deutschland (Middelhauve) erschienen.

Frédéric Du Bus ist Belgier. Er ist in Brüssel geboren, dort hat er die Kunsthochschule besucht und dort lebt er als freier Grafiker. Er arbeitet für Verlage in Belgien und Frankreich.

Imma Pla Santamans ist Spanierin. Sie lebt in Barcelona. Erste Bilderbücher sind im Verlag Destino in Barcelona erschienen. Sie arbeitet gern mit der Textautorin Montse Ganges zusammen.

Michel Fuzellier ist Franzose. Er lebt und arbeitet als Grafikdesigner in Italien.

Katrien Holland lebt in Tilburg/Holland als freie Illustratorin. Dort hat sie an der Kunsthochschule studiert. Ihre Bilderbücher sind im Verlag Querido/Amsterdam erschienen. Der bekannte Autor Toon Tellegen schrieb die Geschichte vom Glühwürmchen.

Hirokazu Ogura ist Japaner und lebt in Tokio. Er ist Autor und Illustrator von Bilderbüchern, die auch in Finnland und Frankreich erschienen sind.

Feng Jiannan lebt in Shanghai/China. Da in China das Neujahrsfest gefeiert wird, nicht Weihnachten, ist sein folkloristischer Beitrag ein Gruß an Unicef – nicht nur für das Jahr 1994.

Was ist UNICEF?

Peter Ustinov

Das Unicef-Bilderbuch für Weihnachten wurde von den achtzehn Künstlern illustriert, die den ersten Illustrationspreis der Unicef gewonnen haben. Sie wurden gebeten, diesen Band zu illustrieren, der Weihnachtsgeschichten aus vielen Ländern zum Thema hat.

Der Illustrationspreis der Unicef wurde 1992 gemeinsam mit der Kinderbuchmesse in Bologna geschaffen, um die wunderbare Zusammenarbeit zwischen Unicef und den Kinderbuchillustratoren in der ganzen Welt zu würdigen.

Es ist eine enge Verbindung, die 1949 begann, als die siebenjährige Jitka Samkova aus der Tschechoslowakei ein Glasbild malte als Dank für die Hilfe, die Unicef für ihr im Zweiten Weltkrieg zerstörtes Dorf geleistet hat. Dieses Bild wurde als Poster gedruckt und dann als Postkarte, und so begannen Druck und Verkauf der Unicef-Grußkarten als Hilfsaktion.

Seit damals haben die bekanntesten Illustratoren und Maler, unter ihnen Matisse, Dufy, Miró, Picasso und viele andere Unicef Bilder zur Vervielfältigung zur Verfügung gestellt, um Spenden für das Unicef-Hilfsprogramm für Kinder in aller Welt zu sammeln.

Eines der Ziele von Unicef ist es, Bewußtsein und gegenseitiges Verständnis in der Welt zu schärfen.

Das Hauptanliegen von Unicef, dem Kinderhilfswerk der Vereinten Nationen, das 1946 gegründet wurde, ist es, den Kindern in den ärmsten Regionen der Welt zu helfen.

Mit jeder Unicef-Karte oder mit jedem Produkt – so auch mit diesem Bilderbuch –, das irgendwo in der Welt gekauft wird, kann Unicef etwas zum Wohlergehen von Kindern in Not tun, wo immer sie leben oder welcher Rasse oder welchem Glauben sie angehören mögen.

Egal in welchem Land sie leben und welche Sprache sie sprechen, Kinder haben Anrecht auf eine Kindheit als eine Zeit der Entdeckungen und des Lernens und vor allem als eine Zeit der Freude. Wir wissen, daß dies nicht allen Kindern gegeben ist.

Wußten Sie, daß es Gebiete gibt, in denen Kinder

* nicht genug gesundes Essen haben;
* kein sauberes Wasser zum Trinken und Waschen haben;
* keinen sauberen und sicheren Ort zum Leben haben;
* krank werden, weil sie nicht gegen schwere Krankheiten geimpft werden können;
* weil sie Mädchen sind, nicht soviel Essen, ärztliche Versorgung und Erziehung erhalten wie ihre Brüder;
* nicht lesen und schreiben oder regelmäßig zur Schule gehen können;
* arbeiten müssen, um ihre Familie mitzuunterstützen?

Wie hilft Unicef den Kindern?

Seit fast fünfzig Jahren ist Unicef dabei zu helfen, Kindern und ihren Familien ein besseres

Leben aufzubauen. Dabei arbeitet man mit den Regierungen der Länder daran, daß

* die Eltern lernen, frische und gesunde Nahrung für die Kinder zu kaufen oder anzubauen;
* Brunnen und Wasserpumpen gebaut werden, damit die Kinder sauberes Wasser haben;
* Krankenhäuser und die Gesundheitsfürsorge eingerichtet werden, damit die Kinder geimpft und behandelt werden können, wenn sie krank sind;
* Lehrer ausgebildet und Schulen mit Lehrbüchern versorgt werden;
* Menschen überzeugt werden, daß Mädchen so zu behandeln sind wie Jungen;
* Kinder in Zeiten von Krieg und Katastrophen medizinische Versorgung und sauberes Wasser erhalten.

Wie sammelt Unicef Geld, um Kindern zu helfen?

Unicef wird allein durch freiwillige Beiträge der Regierungen, von nichtstaatlichen Organisationen, Vereinigungen und Menschen wie du und ich überall auf der Welt unterhalten. Das geschieht durch Geldspenden oder Kauf von Unicef-Grußkarten und -Geschenkartikeln.

Und was hat Unicef schon erreicht?

* Jeden Tag werden in den Entwicklungsländern mehr als 200 000 Kinder gegen die sechs bedrohlichsten Krankheiten geimpft: Tuberkulose, Polio, Keuchhusten, Diphtherie, Tetanus und Masern.
* Von Unicef unterstützte Entwicklungsprogramme haben dazu beigetragen, daß mehr als die Hälfte von den fünfhundert Millionen Kindern unter fünf Jahren in Entwicklungsländern Zugang zu sauberem Wasser und zu sanitären Einrichtungen haben.
* Unicef hilf seit achtundvierzig Jahren mit, daß aus Träumen Wirklichkeit wird. Zu achtzig Prozent wurde bis 1990 das Ziel erreicht, den Impfschutz durchzuführen und damit das Leben von drei Millionen Kindern im Jahr zu retten.

Wie helfen Kinder mit, dass Unicef Kindern helfen kann?

Unicef beteiligt sich an vielen Umweltprojekten:

* In Gambia pflanzen Schulkinder Gemüse an, um die tägliche Schulspeise zu bereichern. Überall in Afrika hat Unicef mitgeholfen, Schulgarten-Programme in Gang zu setzen. Die Kinder selbst tun alle Arbeiten wie hacken, pflanzen, säen und ernten. Das Geld dazu verdienen sie sich durch den Verkauf der Früchte.
* In manchen Dörfern in Thailand, so wie in vielen anderen Ländern auch, haben die Menschen keinen Zugang zu Trinkwasser und guten sanitären Einrichtungen. Oft müssen sie das Wasser von offenen Rohren holen und ihre Abfälle in offene Gossen schütten. Infektionen durch die vielen Parasiten bedeuten eine ständige Bedrohung durch Krankheiten und Epidemien. Der Bau von Wasserleitungen in diesen Ländern wird von Unicef laufend unterstützt.
* In Malawi gehört das Feuerholzsammeln zu den täglichen Aufgaben der Kinder. In Gebieten, in denen die natürliche Umwelt zerstört wurde, verbringen Frauen und Kinder Wochen und Monate im Jahr mit Holzsuchen. Unicef hat mitgeholfen, Kochherde einzuführen, die das Holz ökonomisch verbrennen.

20. Januar 1994

Sir Peter Ustinov
UNICEF Goodwill Ambassador

Der erste Schnee

Alan Marks

Lilli zog sich warm an. Es war der erste Tag in den Weihnachtsferien, und Väterchen Frost war unterwegs gewesen. Auf dem neuen Schneeteppich, der nun den Boden bedeckte, hatte er keine Fußspuren hinterlassen, aber bei seiner Berührung war jede Fensterscheibe gefroren, und der Wind schien nur so darauf zu warten, in die Häuser hineinzustürmen. Wenn der alte Frost unterwegs gewesen ist, merkte man es immer sofort.

Aber etwas anderes war merkwürdig. Durch die vereisten Scheiben konnte Lilli nämlich erkennen, daß jemand auf der Gartenbank saß. Es war bestimmt ein kalter Sitzplatz an so einem Wintertag.

Vielleicht ist es der alte Frost selber, der dort sitzt und wartet, daß ich auf dem Eis oder im Schnee ausrutsche, dachte Lilli. Damit er was zu lachen hat. Als sie die Tür einen Spaltbreit öffnete und in den vereisten Garten hinausspähte, sah sie, daß dort auf der Bank bloß ein Schneemann saß. Und er sah freundlich aus.

Lilli stapfte in ihren warmen Wintersachen nach draußen, um dem Schneemann guten Tag zu sagen. Er war so in ein Buch vertieft, daß er Lilli gar nicht bemerkte. Sie blickte hinauf in seine kohlrabenschwarzen Augen und überlegte, was ein Schneemann wohl lesen könnte. Vielleicht etwas über den Weihnachtsmann und das Land des ewigen Schnees, dachte sie. Vielleicht die Weihnachtsgeschichte oder ein Märchen.

Der eisige Wind blätterte die Seite im Buch des Schneemanns um. Lilli wurde ein bißchen unheimlich zumute, als er nun zu sprechen begann:

„Das Buch handelt vom Frühling“, sagte er.

„Aber wieso liest du was über den Frühling?“ fragte Lilli. „Wenn die Sonne kommt, dann schmilzt du doch!“

„Der Frühling hat mich gemacht“, sagte der Schneemann. „Und mit dem Winterwind zusammen komme ich zurück, wenn wieder Weihnachten ist. Soll ich dir vorlesen?“ Und er begann:

„Väterchen Frost diente dem Winter, denn er konnte nur an dunklen, kalten Wintertagen umherziehen. Weil er wußte, daß die Frühlingssonne gerne ihre eigene Schönheit bewunderte, fing er sie in einem Spiegel aus Eis. Ohne die Frühlingssonne, überlegte er, würde das Jahr für immer kalt bleiben. Der alte Frost gab den Spiegel dem Winter und dachte, er würde die Frühlingssonne bestimmt nicht freilassen. Aber der Winter war von der Schönheit der Frühlingssonne einfach überwältigt. Er versprach, ihr jedes Jahr die Freiheit zu schenken, wenn sie wiederkommen und seine kalte Welt erhellen würde. Und er versprach, daß auch während seiner Zeit im Jahr Blumen blühen sollten – zum Zeichen dafür, daß die Frühlingssonne folgen würde.

Väterchen Frost wurde wütend und ließ beleidigt alles zufrieren, so daß keine Blume mehr wachsen konnte. Da wünschte die Frühlingssonne sich Blumen, die aus Eis gemacht waren, und der Winter fand diese Idee so wunderbar, daß er sogleich unendlich viele Eisblumen vom Himmel fallen ließ. Das war der allererste Schnee."

Bei diesen Worten wehte ein plötzlicher Windstoß den Schneemann davon, und er wurde zu Millionen phantastischer Eisblüten – zu Schneeflocken.

Das Buch, das er las, hat Lilli heute noch.

Wunderauto oder Rentierschlitten

Fabio Sironi

Der Weihnachtsmann war in der Stadt unterwegs, um Besorgungen zu machen. Alle Schaufenster leuchteten und waren prachtvoll geschmückt, aber ganz besonders fiel ihm das Geschäft eines Autohändlers auf, in dessen Mitte ein prächtiger Geländewagen thronte. Neugierig ging er hinein, um ihn sich genauer anzusehen.

Ein Verkäufer, der wie eine lästige Fliege immer um ihn herumschwirrte, erklärte alles über das Wunderauto: Vierradantrieb, besonders starker Motor, Spezialauspuff, Stereoanlage, Klimaanlage, Kaffeemaschine. Und er zeigte dem Weihnachtsmann stolz, wie der Wagen von innen aussah: „Sehen Sie, wieviel Ladefläche er hat! Sie möchten Ihren Rentierschlitten doch bestimmt gegen dieses Wunderwerk der Technik eintauschen?"

Es war zwar ein etwas bombastischer Kauf, aber schließlich muß man ja mit der Zeit gehen! Und so stürzte sich der Weihnachtsmann kurz darauf am Steuer seines Superschlittens mitten ins Verkehrsgewühl. Vor einem Laden, wo alle Parkplätze besetzt waren, ließ er den Wagen für einige Minuten in der zweiten Reihe stehen und fand bei seiner Rückkehr einen Strafzettel mit einer saftigen Geldstrafe. Kurz darauf mußte er schon wieder tanken – dieses Ungetüm kostete ihn viel mehr, als er gedacht hatte.

Draußen vor der Stadt schien das Fahren zuerst viel leichter zu sein – aber dann geriet der Wagen durch den Schneematsch ins Schleudern und landete am Straßenrand. Weil es gerade wieder geschneit hatte, drehten die Reifen durch, und erst nach unzähligen Versuchen ging es endlich weiter. Aber kurz darauf blieb das Biest auch noch in einem Bach stecken, der ausgesehen hatte, als ob man ihn leicht überqueren könnte. Es stieß ein lautes Gegurgel und eine Dampfwolke aus und bewegte sich keinen Millimeter weiter.

Das war einfach zuviel! Als der Abschleppdienst kam, schickte der Weihnachtsmann dem Händler sein Wunderauto wieder zurück – er wollte es nie wieder sehen.

Zu Hause sah er als erstes nach seinen geliebten Tieren. Welcher Superschlitten kann es schon mit meinen Rentieren aufnehmen? dachte er.

Dann ging er in den Schuppen und betrachtete lange seinen Schlitten, den nichts auf der Welt ersetzen konnte.

4x4
Sironi

Schöner Schnee

LISBETH ZWERGER / ELISABETH BORCHERS

Manchmal sagen wir:
Ach, wenn es doch schneien wollte.
Ach, wenn doch der Schnee käme.
Ach, wenn er doch über den Berg käme.
Ach, wenn er doch die Straße entlang käme.
Ach.

Manchmal,
wenn es sehr kalt wird,
kommt Schnee.

Bevor der Schnee kommt,
kann man ihn riechen.
Schnee kommt vom Westen her,
vom Osten oder vom Norden
oder vom Süden.

Manchmal kommt der Schnee am Morgen,
manchmal mittags, manchmal abends.
Manchmal ist der Schnee schon da.

Schnee setzt sich überall hin:
auf Baumspitzen
auf Hüte
auf schräge Dächer
auf Wimpern
auf Schiffe
auf die Köpfe der Pferde und Puppen.

„Was ist schon Schnee? Schnee ist gefrorenes Wasser, nichts weiter."

„Im November, im Januar, im Februar, im März und April ist Schnee gefrorenes Wasser."

„Auch im Dezember ist Schnee gefrorenes Wasser."

„Einmal war der Schnee im Dezember etwas anderes. Jede Schneeflocke war etwas Besonderes. Die eine war eine Nuß und die zweite eine Brezel und die dritte ein Apfel und die vierte ein Schaukelpferd und die fünfte ein Abendstern und die siebte ein Baukasten und die achte ein Hampelmann und die neunte eine Trompete und die zehnte ein Schiff und die elfte ein Schlittschuh. Als ich den Schlittschuh fing, schmolz er sofort und war ein Wassertropfen. Ich glaube, auch im Dezember ist Schnee nichts anderes als gefrorenes Wasser."

„Na, siehst du, mehr nicht."

Meistens ist der Schnee sechseckig.
Schnee hat Ecken und Zacken
und Strahlen und Striche
und Stäbchen und Säulchen
und Blättchen und Plättchen
und Körner und Flügel
und Sterne und Pyramiden.

Schnee ist flach und dünn
und dick und rund
und hoch wie ein Berg,
wie zwei Berge.

Schnee ist schön.

POS

Der Engel in der Stadt

Dušan Kállay / Daniel Hevier

Es war kurz vor Weihnachten. Alle waren in Eile, machten Einkäufe und hatten die Hände voller bunter Päckchen. Ein Engel ging durch die Straßen und suchte nach jemandem, den er beschützen konnte. Die Autos hupten, die Leute gingen sich aus dem Weg, und keiner beachtete den Engel. Vor dem Kaufhaus stand ein Wächter, die Bank bewachten zwei mürrische Männer in Schwarz, und einem blinden Mann wurde von seinem treuen Hund geholfen.

Niemand braucht mich, dachte der Engel traurig und setzte sich auf eine nasse Bank. Es war ja bereits Dezember, aber von Schnee noch keine Spur.

Nach und nach leuchteten in den Fenstern bunte Weihnachtsbäume auf, und in der ganzen Stadt flimmerten die Leuchtreklamen. Alles war voller Farben, die sich in den Augen der Menschen widerspiegelten und sie glänzender und schöner erscheinen ließen.

Da bemerkte der Engel einen kleinen Jungen und einen weißen Hund, die die Straße überqueren wollten, aber an ihnen vorbei strömte ein Fluß von Autos, Bussen, Lastern, Taxis, Kranken- und Polizeiwagen ... Der Junge versuchte immer wieder, auf die Straße zu treten, aber von allen Seiten kam das Hupen und Tuten, das Quietschen der Bremsen, das Flimmern der Scheinwerfer.

Da haben wir ja jemanden, dachte der Engel und trat zu dem Jungen. Er klopfte ihm auf die Schulter und verneigte sich höflich. Der Junge starrte ihn mit großen Augen an. Er sah einen Engel, der so strahlend weiß und zugleich durchsichtig war, als ob er aus Stille, Seufzern und dem weißesten Schnee geschaffen worden wäre.

Der Engel nahm den Jungen an die Hand, schwebte mit ihm über die Autos hinweg und setzte ihn sicher auf der anderen Seite der Straße ab. Dann kehrte er um und holte den kleinen weißen Hund. Aber das war noch nicht alles: Im selben Augenblick, als er seine Hand öffnete und leicht hineinhauchte, begann es zu schneien.

„Oh, was für ein schönes Weihnachten das wird!" rief der Junge glücklich und wollte sich bedanken – aber der Engel war plötzlich verschwunden.

Der Junge ging mit seinem kleinen weißen Hund nach Hause. Und er wußte, daß ihm nie wieder etwas Böses geschehen konnte – schließlich hatte er einen Schutzengel!

C&A
BIG ONE
BILLA
Jason
Fischer

Die Tanne im Schulhof

ANNE ROMBY / PATRICIA COLOMB

In jenem Jahr hatte der Spätherbst sein Bestes getan, den Winter genau bis zum letzten Kalendertag an der Nase herumzuführen. Wie ein zu lange gezügeltes wildes Tier fiel schließlich die Kälte über unser Dorf herein, und eine ständige Unruhe hatte alle ergriffen. Ich erinnere mich an die gellenden Schreie auf dem Schulhof, den strengen Lehrer und die heftigen Auseinandersetzungen meiner Eltern beim Abendessen.

Drei Tage nachdem der Nordwind unser Dorf erreicht hatte, wurde das Wetter wieder milder, und es begann zu schneien. Aber die weiße Schicht, die alle Konturen verwischte, den Schall schluckte und uns wie dichter Baumwollflaum immer fester zu umschließen schien, steigerte unsere Unruhe nur noch.

Die ersten Schüsse fielen am frühen Nachmittag – sie kamen vom Wald. Unser Lehrer, Monsieur Pernet, hielt für einen kurzen Moment an der Tafel inne, bevor er unbeeindruckt weiterschrieb. Wir hatten diese Tradition der Winterjagden, und mancher träumte sogar heimlich davon, daran teilzunehmen. Die Schüsse kamen indessen näher, vielleicht würden wir in der nächsten Pause bewaffnete Männer sehen, die den Schulhof betraten?

Als es läutete, hatte das Schießen aufgehört. Die ganze Klasse stürzte die Treppe hinunter. Vom Schultor aus konnten wir die weite Ebene überblicken, die uns vom Wald trennte. Ich sah mehrere braune Flecken. Wir achteten kaum auf die Männer, denn unsere ganze Aufmerksamkeit richtete sich auf den größeren, mächtigen braunen Körper, der vor ihnen herlief und dessen majestätische Krone uns verriet, daß es ein Hirsch sein mußte. Er bewegte sich direkt auf uns zu.

... Der Hirsch wird in den Schulhof laufen, ganz sicher. Er hat die Orientierung verloren und sieht uns nicht... Nun steht er an der Mauer, er dreht um. Sein ganzer Körper dampft und bebt. Er blickt nach den Männern, die ihm den Weg versperren und nicht wagen, den Schulhof zu betreten...

Von der Tanne fällt ein bißchen Schnee und schmilzt auf seiner Schnauze. Er schaut zu den Zweigen nach oben. Und es ist, als ob der Baum ihn schützen könnte.

Als der Weihnachtsmann verschlief

Thomas Matthaeus Müller

Hubert, der alte Weihnachtsmann, sprang aus dem Bett – er hatte doch glatt verschlafen! Es war bereits Heiligabend, und nichts war fertig, nicht ein einziges kleines Geschenk! Überall auf dem Boden lagen kreuz und quer die vielen Wunschzettel verstreut, die der Postbote durch den Briefkastenschlitz geworfen hatte.

Da klopfte es auch schon an der Tür, und herein kam Rentier Max, Huberts treuer Gehilfe, pünktlich wie jedes Jahr.

„Was mach ich denn jetzt bloß?" jammerte Hubert. „Der Wecker hat nicht geklingelt!"

„Frag doch Otto, den Zauberer, ob er die Zeit anhält, dann könntest du noch alle Geschenke besorgen", schlug Rentier Max vor.

„Otto kann nur Kaninchen zaubern!" brummte Hubert ärgerlich. „Und außerdem nur weiße!"

„Dann nehmen wir eben die Verkleidungskiste mit", sagte Rentier Max.

Die Verkleidungskiste war eine riesige, schwere Kiste, voll mit alten Kostümen, bunten Tüchern, Hüten, Schuhen und Schals, die Hubert vor Jahren von einer Theatertruppe geschenkt bekommen hatte. Als sie sie auf den Schlitten laden wollten, brach der in der Mitte durch.

„Was mach ich denn jetzt bloß?" jammerte Hubert.

„Hoch damit!" schnaufte Rentier Max, spuckte in die Hände, und dann trugen sie die Kiste den ganzen Weg bis in die Stadt hinein – aber zum Glück ging es bergab.

Alle Kinder warteten schon gespannt auf ihre Weihnachtsgeschenke. Aber in diesem Jahr spielten Hubert und Max statt dessen ein lustiges Theaterstück. Und sie hatten nichts dagegen, als ein Kind nach dem anderen mitmachte.

Das Stück handelte von einem verstrubbelten, müden Weihnachtsmann – und so fing es an:

Hubert, der alte Weihnachtsmann, sprang aus dem Bett – er hatte doch glatt verschlafen!

Die Schlittenhunde

Rymvydas Kepežinskas / Jurgis Kunčinas

Der nebelverhangene graue Himmel wurde dunkler, und die verschneiten Hügel glitzerten, als die Dämmerung sich auf die Täler herabsenkte. Raschel, raschel, da erschienen nacheinander die Laternen in den Fenstern. Am Himmel stand funkelnd der Stern von Bethlehem.

Es war Weihnachten!

Alle Hunde, Hündchen, Köter und Kläffer, Waldis und Wuffis der Stadt liefen, marschierten, trippelten, tippelten, rasten und sausten los, um sich im großen Tal am Berg der drei Kreuze zu versammeln. Hier war es hell, denn am Himmel leuchteten die Sterne.

Kimas, Komas, Kumas, Kamas und Kemas kamen angerannt. Seva, Sava, Siva und Suva sprangen in großen Sätzen herbei. Nikas, Mikas, Vikas und Tikas stapften heran, und die Pinscher-Zwillinge Hekas und Bekas mußten flitzen, um sie einzuholen.

Als letzter kam der kleine, dicke Benni. Er schleifte eine leere Blechdose hinter sich her, die an seinem Schwanz festgebunden war. „Diese Lümmel!" knurrte Kimas, der prächtige Afghane, und zerriß den Faden mit seiner starken Pfote.

Manche brachten leckere Knochen mit, andere Hundekuchenstücke. Es gab alle Sorten von Hundeleckereien in Hülle und Fülle, schließlich war Weihnachten!

Hell leuchtete der Stern von Bethlehem, und die Luft war wunderbar leicht.

„Wie schön er ist!" riefen Seva und Siva und atmeten tief ein. „Und so groß!"

„Er flimmert schon ein bißchen!" sagte Nikas, der große Bernhardiner, mit seiner tiefen Stimme. An seinem Hals hingen sieben Medaillen und eine Uhr, die er mal bei einem Schönheitswettbewerb in Italien gewonnen hatte.

„Wie spät?" fragte Sava mit ihrem dünnen Stimmchen.

„Gleich ist es soweit", sagte Nikas.

In der Mitte des Tals wuchs ein Orangendornstrauch. Als der leuchtende Stern nun zu funkeln begann, ging der Strauch plötzlich in Flammen auf, die bis hoch zum Himmel hinaufschossen. Hastig zog und zerrte jeder am Strauch, bis ein gemütliches Lagerfeuer brannte, und alle versammelten sich ums Feuer, um inbrünstig Weihnachtslieder zu singen – das können Hunde nur in der Weihnachtsnacht, danach bellen sie wieder so gut es eben geht. Sogar Hekas und Bekas, die nicht gerade sehr musikalisch waren, stimmten mit ein. Kein Kläffen und Beißen oder Streiten um Knochen, jeder war friedlich.

Als das Feuer erlosch, sah Nikas auf die Uhr und verkündete: „Nun ist er geboren!"

Da kam auch schon der Weihnachtsmann, und alle wußten genau, was nun zu tun war. Sie rannten zum größten Schlitten, die stärksten Hunde spannten sich paarweise davor und zogen ihn, und alle anderen liefen nebenher. Es war eine richtige Hunde-Ehrengarde!

Nach einer Weile erreichten sie den größten Platz in der Stadt, wo dreihundertfünfundsechzig Weihnachtsmänner mit dreihundertfünfundsechzig Schlitten schon auf sie warteten. Jeder Hund wurde einem Schlitten zugeteilt und bekam eine Tüte mit Süßigkeiten.

„Ich glaube, so schön wie in diesem Jahr war es noch nie!" rief Nikas begeistert, und die anderen stimmten zu.

Da fuhren die Schlitten auch schon los zu den Kindern.

Der Weihnachtsmann hat Zahnschmerzen

Eve Tharlet / Laurence Caradet

Der Weihnachtsmann ist schlecht gelaunt, denn er hat Zahnschmerzen. Als er an diesem Morgen eine gebrannte Mandel naschen wollte, ist ihm ein Stück vom Zahn abgebrochen, und zu allem Unglück ist sein Zahnarzt auch noch in der Schweiz zum Skilaufen!

Gerade bereitet die Weihnachtsfrau zusammen mit den siebenundsiebzig Wichteln alles für die Fahrt an diesem Abend vor. Als der Weihnachtsmann die Werkstatt betritt, hören sofort alle auf zu arbeiten, so erstaunt sind sie: Er hat nämlich seinen langen Bart über dem Kopf zusammengeknotet und sieht aus wie ein Osterei mit Schnurrbart.

„Oh, wie charmant! Ist das eine neue Verkleidung, um die kleinen Kinder zum Lachen zu bringen?"

„Nein", sagt der Weihnachtsmann, und er sieht sehr müde aus. „Ich weiß wirklich nicht, ob ich heute fahren kann."

„Oh, mein Lieber, ich wünsch mir doch schon seit Jahren, auch mal durch die Schornsteine zu springen und Spielzeug an die Kinder in aller Welt zu verteilen."

„Also wirklich, das ist ganz unmöglich!"

„Aha, und wieso bitte schön? Meinst du, daß das wirklich so furchtbar schwer ist? Schwerer, als die siebenundsiebzig Wichtel zu beaufsichtigen? Schwerer, als täglich die vielen Millionen Briefe aufzumachen und zu sortieren? Oder als immer wieder nachzuzählen, ob auch kein Paket in deinem Sack fehlt? Schwerer, als dir in die Stiefel hineinzuhelfen? Nee, wirklich, schwerer als das alles ist es bestimmt nicht!"

„Vielleicht hast du recht, aber kannst du denn auch den Rentierschlitten fahren?"

„Natürlich! Seit hundertfünfzig Jahren hab ich den Schlitten-Führerschein jetzt schon, und ich hab noch nie den kleinsten Kratzer gehabt!"

„..."

„Und dann könntest du dieses Jahr auch einmal deine Pantoffeln vorm Kamin aufstellen!"

„Ah, das ist wirklich eine Idee ... Also schön, du hast gewonnen! Moment, warte, der kleine Klaus ist heute morgen geboren worden. Bring ihm den kleinen Springteufel mit, der wird ihm bestimmt gefallen ... Und du mußt zwei Paar Socken anziehen. Sie haben angesagt, daß es heute nacht sehr kalt wird! Und bei Müllers Schornstein mußt du achtgeben, da ist ein Storchennest obendrauf. Am besten, du legst die Pakete auf die Treppe ... Und dann ..."

„Jaja, mach dir keine Sorgen, mein dickes Häschen! Ich werde schon zurechtkommen", sagte die Weihnachtsfrau und grinste spöttisch. Und dann sprang sie auf den Schlitten, daß die Schellen klingelten.

Raudi, der böse Hund

John Rowe

Es war einmal ein Hund, der hieß Raudi. Er war kein braver Hund. Er war nicht lieb, und niemand war lieb zu ihm. Um die Wahrheit zu sagen, er biß gern, und wenn er nicht beißen konnte, dann knurrte er wenigstens. Jede Nacht knurrte er den Mond an. Er buddelte Löcher im Garten. Er jagte Kinder. Und er erschreckte gern Omas.

An Weihnachten liebte er es, sich neben dem Kamin zu verstecken und den Weihnachtsmann in den Fuß zu beißen, wenn er durch den Schornstein herunterstieg. „Was bist du denn so ungezogen?“ fragte der Weihnachtsmann, und Raudi antwortete immer bloß mit einem Bellen oder Knurren. Er war ein *böser* Hund!

Aber dann, an einem kalten Heiligabend, als Raudi gerade am Kamin auf die großen Stiefel vom Weihnachtsmann lauerte, da geschah etwas Merkwürdiges. Aber es war auch sehr schön. Statt der Weihnachtsmann-Stiefel erschien an einem Bindfaden ein Geschenk, das in Glitzerpapier eingewickelt war. Und daran war ein Zettel befestigt, auf dem stand: „Für Raudi vom Weihnachtsmann! Möge Friede und Freude immerzu in deinem Herzen sein.“ Zuerst wollte Raudi danach schnappen, aber da wurde ihm komisch zumute. So etwas hatte er noch nie erlebt. Ein warmes Gefühl überkam ihn und kroch seinen Rücken hinunter bis zum Schwanz. Und der Schwanz begann... Er begann doch tatsächlich zu *wedeln!* Er konnte gar nichts dagegen tun, der Schwanz wedelte und wedelte, hin und her, wie er es noch nie getan hatte. Raudi wollte knurren, aber es wurde nur ein Fiepsen daraus. Und er dachte: Da mag mich ja jemand! Vielleicht bin ich gar kein so böser Hund? Ich will ja ein braver Hund sein, mich läßt nur keiner. Aber... Ich *will* brav werden. Ich will, ich will. Und Raudi flitzte davon, holte die wärmsten Pantoffeln seines Herrchens und legte sie schön ordentlich vor den Kamin.

Da erschienen die kalten Schneestiefel vom Weihnachtsmann im Kamin, und Raudi wedelte noch viel stärker mit dem Schwanz. Und als der Weihnachtsmann die glänzenden Hundeaugen sah, begriff er, daß die Pantoffeln für ihn gedacht waren. Damit er sich ein bißchen die Füße wärmen konnte, bevor er wieder hinausmußte in die kalte Winternacht.

Inzwischen sind viele Jahre vergangen – und Raudi? Der ist nicht mehr immer so ungezogen. Er freut sich jedes Jahr auf den Weihnachtsmann, und immer hat er ein kleines Geschenk für ihn am Kamin liegen. Einen Schal oder einen Handschuh, und manchmal sogar einen leckeren Knochen!

Raudi ist ein lieber Hund. Er kaut zwar noch ab und zu ganz gern an den Stiefeln vom Weihnachtsmann, aber der freut sich trotzdem immer, durch den Schornstein zu ihm hinunterzusteigen.

Was die Maus träumt

Rosario Valderrama / Judy Goldman

Es war ein bitterkalter Heiligabend in einer kleinen Stadt im kalten Norden Mexikos. Eine kleine braune Maus saß zitternd im Schnee. „Wo soll ich heut nacht bloß schlafen? Ich werde erfrieren", piepste sie zähneklappernd. Da sah sie eine Kirche. Die große, schwere Holztür stand einen Spaltbreit offen, und ein Lichtstrahl fiel nach draußen auf den Schnee. Die Maus spähte hinein – niemand war da.

Auf dem Boden war eine Krippe aufgebaut. Wie schön dachte die Maus und ging näher heran. Bestimmt hat keiner was dagegen, wenn ich hier übernachte. Sie betrachtete die starren Tonfiguren. Maria und Josef sahen liebevoll zum Baby, das im Heu lag, und um die drei herum standen die Stalltiere.

Die Maus dachte: Das arme Baby friert bestimmt. Es hat ja fast nichts an. Wenn ich neben ihm schlafe, können wir uns gegenseitig wärmen. Und sie kuschelte sich an das Christkind und schlief ein. Im Traum hörte sie Stimmen.

„Armes Ding", sagte jemand leise. „Bestimmt ist sie müde und friert."

„Wir müssen sie mit Heu zudecken", sagte eine Männerstimme.

Die Maus lächelte im Schlaf, als sie fühlte, wie jemand sie vorsichtig zudeckte und eine kleine Hand ihr über den Kopf streichelte.

Als der Priester am ersten Weihnachtstag die Kirche betrat und die Krippe sah, staunte er nicht schlecht. Er beugte sich nach unten, um besser sehen zu können.

„Na so was!" flüsterte er. „Da liegt eine Maus beim Christkind und schläft! Und was für einen merkwürdigen weißen Fleck sie auf dem Kopf hat! Wie mag der da hingekommen sein? Hm, das ist bestimmt eine ganz besondere Maus."

Gerade in diesem Moment wachte die Maus auf.

„Keine Angst", sagte der Priester freundlich, „ich tu dir nichts. Von nun an kannst du hier in der Kirche wohnen."

Die Maus war so glücklich! Sie sah den Priester an und dann das Christkind. Und da bemerkte sie, daß es ihr einen Moment lang zulächelte.

Seit diesem Tag lebte die Maus in der Kirche. Und auch ihre Kinder und Enkelkinder lebten dort, und alle hatten sie einen weißen Fleck auf dem Kopf.

ROSA

Kristiina Louhi / Hannŭ Mäkelä

Rosa hatte Fieber. Sie schlief viel, und dann träumte sie. In einem Traum hatte sie Flügel und flog über einer weißen Landschaft dahin, wo seltsame Blumen wuchsen.

Als Rosa von ihrem Traum erzählte, machte ihre Mutter sich Sorgen. Und auch ihr Vater machte sich Sorgen. Er kaufte ihr alle möglichen Sorten von Blumen, aber Rosa schüttelte nur den Kopf – ihre Blume war nicht dabei.

Rosas Fieber stieg, und sie durfte sich alles wünschen, was sie wollte. „Ich möchte Flügel", flüsterte sie. Da begann ihre Mutter leise zu weinen, aber Rosa blieb dabei. Also mußte die Mutter ihr Flügel aus Draht und weißem Stoff machen. Und dann ließ sie den Arzt kommen, denn nun hatte sie wirklich Angst.

Aber Rosa nicht. Als der Abend kam, legte sie ihre Flügel an und flog davon. Und es dauerte nicht lange, da lag die weiße Landschaft unter ihr und das Tal, in dem die Blumen wuchsen. Rosa fühlte sich vor Freude ganz leicht. „Hier bleibe ich!" rief sie. Aber eine der Blumen schüttelte den Kopf. „Es ist noch zu früh für dich. Geh zurück nach Hause, und ich werde dich dort besuchen kommen!"

Rosa sah die Blume ungläubig an. Aber so langsam wurde ihr kalt, und sie beschloß, der Blume zu vertrauen. Sie flog zurück in ihr Bett, und am anderen Morgen war das Fieber verschwunden. Rosa war gesund! Und ihre Mutter weinte wieder, diesmal allerdings vor Freude.

Aber Rosa war immer noch unruhig. Und wenn die Blume nicht kommt? dachte sie. Und wenn ich sie niemals wiedersehe?

Sie schlich sich hinaus in den Garten. In der Nacht hatte es geschneit, und es war die dunkelste Zeit im ganzen Jahr. Ein einzelner heller Stern stand noch am Himmel.

Da war eine schwache Stimme von der Mauer her zu hören, und Rosa lief ihr nach.

Und plötzlich sah sie es, ein zarter Stengel, der aus dem Boden nach oben ragte. Es war ihre Blume!

„Hier bin ich", sagte die Blume, „wie versprochen!" Und dann schwieg sie und sprach nie wieder ein einziges Wort.

All das ist lange her. Aber die Blume gibt es heute noch. Wie sie heißt?

„Es ist eine Rose", sagt Rosa. „Ich habe ihr meinen Namen gegeben. Seht selbst, da blüht sie wieder – die Rose, die im Schnee gewachsen ist."

HELLÉBORUS NIGER – KL 14.2.1993

Danach wurde es Weihnachten . . .

Pierre Pratt / Christiane Duchesne

Vorher war ein sehr trauriger Tag gewesen. Die Maus war ausgerissen. Bloß wie? Niemand wußte es. Kati hatte sie überall gesucht. Wer hatte den Käfig geöffnet? Die zerstreute Großmutter vielleicht? Der Hund? Ein Unbekannter? Ein maskierter Dieb? Oder sogar ein Gespenst?

Bei einem Gespenst hätte die Maus nichts Böses ahnen können. Oder hatte sie ihren Käfig ganz allein geöffnet? Fühlte sie sich hier nicht wohl? Wollte sie im Schnee spielen? Kann eine weiße Maus davon träumen, draußen im Schnee zu spielen? Träumt eine Maus überhaupt von etwas?

Kati weinte. Wenn die Maus erfrieren würde? Oder verhungern? Wenn sie ganz allein sterben würde, weiß im weißen Schnee? Wenn sie in ein Loch fiele? Oder überfahren würde?

Ausgerechnet vor Weihnachten weinte Kati. Sie hatte Weihnachten vergessen. Sie hatte die

Geschenke vergessen, den Tannenbaum und die Lichter. Die Bänder in allen Farben, das Glitzerpapier und den Stern an der Tannenspitze.

Kati weinte, weil sie Angst hatte. Weil sie merkte, daß ihr Herz genauso klein wie das Mäuseherz wurde.

Das Haus roch gut. Sogar der Hund schien zu lächeln.

„Weint meine Kati etwa?“ fragte die zerstreute Großmutter.

„Nein!“

„Komm, ich zeig dir mal was.“

„Nein!“

„Komm, Katilein.“

Die zerstreute Großmutter nahm Kati an die Hand und führte sie mit kleinen Schritten zur Krippe am Fuß der Tanne.

„Das mußt du mir erklären, Kati, ich hab so was jedenfalls noch nie gesehen. Guck mal!“ Die zerstreute Großmutter legte sich auf den Boden, das Kinn in die Hände gestützt, die Augen voller winziger Sterne.

„Sieh richtig hin, Kati!“

Katis Augen waren viel zu verweint, um richtig sehen zu können.

„Sieh genau hin, Kati. Das Schaf da, das ohne Locken . . . Hast du schon mal ein Schaf mit so einem langen Schwanz gesehen? Sieht fast aus, als ob es atmet. Oder irre ich mich?“

Da wurde Weihnachten wieder zu Weihnachten. Kati weinte nicht mehr. Und die zerstreute Großmutter streichelte mit ihren alten Fingern dieses merkwürdige Schaf, das neben einem kleinen Esel aus Porzellan lag und schlief.

Fräulein Lametta

Frédéric Du Bus / Olivier Rouxhet

Es war einmal eine fröhliche kleine Weihnachtsbaumkugel, die zur Weihnachtszeit immer auf einem Tannenzweig wohnte. Jedes Jahr im Winter traf Fräulein Lametta nach einer langen Pause in ihrer Schachtel ihre Freunde am Weihnachtsbaum wieder. Dann waren alle, von den untersten Zweigen bis zur Spitze, überglücklich, sich nach einem langen Jahr auf dem Speicher endlich wiederzusehen. Kugeln, Girlanden, Kerzen und Engelchen begrüßten sich herzlich, und die Gespräche gingen immer bis tief in die Nacht.

Aber in diesem Jahr machte Fräulein Lametta nach der ersten Wiedersehensfreude eine Entdeckung: Eine ganz neue, prächtige Girlande hangelte sich von Ast zu Ast und verlief genau unter ihr.

„Wie schön Sie sind! Und wie gelenkig!“ rief Fräulein Lametta begeistert.

„Ich bin heute nacht angekommen“, antwortete die Girlande. „Es ist das erste Mal, daß ich an einem Weihnachtsbaum hänge. Die Nadeln pieken ja ein wenig, aber das Harz riecht so gut... Normalerweise schmücke ich Geburtstagstische oder dekoriere beim Karneval und zum Nationalfeiertag.“

„Oh, wie aufregend das sein muß!“ rief Fräulein Lametta und schaukelte verträumt ein wenig hin und her.

„Wenn du möchtest, dann nehme ich dich das nächste Mal mit“, sagte die Girlande freundlich.

Nach Neujahr, als der Weihnachtsbaum abgeschmückt wurde, ließ sich Fräulein Lametta unauffällig in die Schachtel der schönen Girlande fallen und landete sicher auf einer Tüte Konfetti.

„Gut gemacht!“ rief ihr die Girlande zu. „Nun müssen wir nur noch ein paar Wochen abwarten. Wenn sie die Schachtel wieder öffnen, brauchst du nichts weiter zu tun, als dich von Tisch zu Tisch und von Zelt zu Zelt tragen zu lassen. Du mußt auf jeden Fall immer lächeln, und erschrick nicht vor den Knallfröschen! Die machen zwar viel Krach, aber sie tun dir nichts.“

In diesem Jahr war Fräulein Lametta bei allen Festen dabei, und sie erlebte Dinge, die noch keine Tannenbaumkugel vor ihr je erlebt hatte. Beim Karnevalstanzen schloß sie mit drei Luftschlangen Freundschaft, und die Osterferien verbrachte sie mit einem netten Schokoladenei. Nach dem letzten Oktoberfest kamen sie und ihre Freundin, die Girlande, wieder auf den Speicher zurück. Fräulein Lametta schlief ein und träumte von allem, was sie erlebt hatte und wovon sie in den langen Winternächten am Weihnachtsbaum erzählen würde...

Drei Kamele und ein Dromedar

Imma Pla Santamans / Montse Ganges

Dereinst lebten drei Kamele, und ihre Herren waren die Heiligen Drei Könige. Sie besaßen auch ein Dromedar, aber es war immer allein, denn die Kamele mochten es nicht, weil es nur einen Höcker hatte und nicht zwei wie sie selbst. „Du halbes Kamel, du!" sagten sie immer.

Eines Abends kamen die Heiligen Drei Könige hastig in den Stall gestürzt, führten die Kamele ins Freie und ritten eilig davon, um einem großen Stern zu folgen, der am Himmel erschienen war.

Das Dromedar blieb traurig zurück, aber da sah es plötzlich einen wunderschönen Engel, der in der Mitte des Stalls stand. „Diese zerstreuten Könige!" sagte der Engel ärgerlich, der drei schön verpackte Päckchen in den Händen hielt. „Sie haben ja ihre Geschenke liegengelassen! Nimm du sie, folge dem Licht des Sterns und hol die Kamele ein. Um Mitternacht müßt ihr alle in Bethlehem sein!"

„Aber sie sind doch schon so weit weg!" entgegnete das Dromedar.

„Richtig, aber Kamele haben zwei Höcker auf dem Rücken, die sie schleppen müssen, und du, Dromedar, hast bloß einen – also bist du schneller!"

Das Dromedar freute sich. Endlich lobte es mal jemand – und ausgerechnet für das, was die Kamele immer an ihm auszusetzen gehabt hatten. Es wollte alles tun, um den Wunsch des Engels zu erfüllen, und machte sich sogleich auf den Weg.

Während das Dromedar dahinrannte, vertrieben sich die Päckchen die Zeit damit, einen Zaubertrick auszuprobieren, den sie von den Heiligen Drei Königen gelernt hatten. Sie überschütteten das Dromedar mit ihren Geschenken – Gold, Weihrauch und Myrrhe –, aber trotzdem waren sie, als sie ankamen, noch genauso gefüllt wie zu Beginn ihrer Reise.

Am Stadttor von Bethlehem holte das Dromedar die Heiligen Drei Könige ein. Die drei Kamele, die inzwischen müde und schmutzig waren, bewunderten das prächtige Tier, das vor ihnen stand: Es hatte ein goldenes Fell und duftete nach Weihrauch und Myrrhe.

Und in dieser Nacht, als die Heiligen Drei Könige ihre Geschenke überreichten, stand nicht etwa eins der Kamele hinter ihnen, sondern ein goldenes Dromedar.

Die Zauberbrille

Michel Fuzellier

Babette traut ihren Augen kaum, als die Brille tatsächlich unter dem Weihnachtsbaum liegt. Es ist eine echte KAROS-Brille, durch die man jemanden so sehen kann, wie er wirklich ist. Genau wie die aus dem Fernsehen.

„Die wolltest du doch, oder?“ fragt Mama, die sich immer Mühe gibt, das Richtige zu schenken.

Am ersten Tag nach den Ferien nimmt Babette die Brille mit in die Schule. Gleich in der ersten Stunde setzt sie sie auf, so als ob gar nichts wäre. Die Lehrerin erzählt zum hundertstenmal dasselbe, Anne schwätzt, und Robert kaut an seinem duftenden Pausenbrot.

Die KAROS fällt niemandem groß auf, sie sieht wie eine normale Brille aus, und keiner würde draufkommen, daß sie zaubern kann.

Aber da – wie sich durch die rechteckigen Gläser plötzlich alles völlig verändert! Das ist also die „Wahrheit“. Kaum zu glauben, aber Robert sieht aus wie ein hübsches rosa Schweinchen, das sein Butterbrot hinunterschlingt. Genauso ist er. Er grunzt sogar wie ein Schwein, wie witzig!

Babette dreht sich einmal um sich selbst: Das ist keine Schulklasse mehr, sondern ein Zoo oder Zirkus! Hubert ist ein Krokodil mit runden Kulleraugen, das mit einem Schießgummi auf Sonjas Hintern zielt. Und Sonja? Ein weißer Pudel mit einem Büschel Kräuselsträhnchen. Alex, der Esel, schnarcht auf seinem Stuhl – das darf doch nicht wahr sein! Und der Affe dahinten ist natürlich Claudio.

Und Anne? Babette sucht sie überall, aber neben Thomas, dem Igel, sitzt sie nicht, und sie ärgert auch nicht gerade Julia, die Giraffe. Anne ist ja eine alte Tratschtante, aber sie ist Babettes beste Freundin. Wo steckt sie denn bloß?

Da ist sie ja, genau vor ihr und genauso unruhig wie immer. Babette betrachtet sie durch ihre Brille: Aus Anne ist ein knallroter Papagei geworden, der ständig vor sich hin plappert!

Erschrocken überlegt Babette, was sie wohl sehen würde, wenn sie durch die Brille in einen Spiegel schaut. Zum Glück gibt es im Klassenzimmer keinen. Schnell stopft sie ihr Weihnachtsgeschenk wieder zurück in die Tasche. Irgendwann in den nächsten Tagen will sie die Brille heimlich loswerden – man möchte ja auch nicht immer die Wahrheit wissen. Und schon gar nicht, wenn Weihnachten ist. Und sowieso nicht über Freunde … Und außerdem stimmt das so alles auch überhaupt nicht!

Das Glühwürmchen

Katrien Holland / Toon Tellegen

Eines Tages wurde es dunkel im Wald. Die Tiere zitterten und bibberten und ließen die Köpfe hängen. Nie zuvor war es so dunkel gewesen. „Dunkel! Dunkel!“ schrien sie wütend, rissen Büsche und Bäume aus und traten sich mit Absicht auf die Zehen, Pfoten und Flügel. „Aua!“ quakten, brüllten, heulten und kreischten alle und rannten wild durcheinander, bis es schließlich so duster war, daß sie mit den Köpfen aneinanderstießen. Sie bekamen dicke Beulen und wurden immer griesgrämiger und mürrischer. „Huhuhu“, schluchzten sie, „wann wird es bloß wieder hell?“

Ein paar Tiere glaubten, daß das Licht für immer verschwunden war. „Das mußte ja so kommen!“ heulten sie, und als jemand fragte: „Warum?“, kreischten sie: „Darum!“

Es war so dunkel, daß selbst der Maulwurf tief unter der Erde in seiner Wohnung gegen die Wände lief und böse vor sich hin brummte.

Da erschien, als das Jahr schon fast vergangen war, plötzlich ein kleines Licht.

„Wer ist da?“ fragten die Tiere und wunderten sich.

„Ich...“ sagte eine Stimme.

„Wer bist du denn?“

„Ich... äh... ich weiß nicht“, antwortete die Stimme. „Ich kann mich nicht so richtig sehen.“

„Woher kommst du?“ wollten die Tiere wissen.

„Hm“, machte die Stimme. „Wenn ich das wüßte... Ich glaube, von nirgendwo... Woher wohl sonst?“

Die Tiere schwiegen und betrachteten das Licht mit großen Augen. Aber da fiel dem Eichhörnchen plötzlich ein, was es war. „Du bist ein Glühwürmchen!“ rief es. „Das sieht man doch!“

„Oh!“ sagte das Glühwürmchen. „Dann bin ich also das Glühwürmchen, ich hatte keine Ahnung.“ Und es dachte: „Na so was, das Glühwürmchen bin ich...“ und nickte dazu verwundert mit dem Kopf.

Alle Tiere setzten sich um das Glühwürmchen herum, und es warf auf alle sein Licht: auf den Käfer, den Elefanten, das Nilpferd, die Ameise – einfach auf alle.

Die Tiere ließen sich den warmen Lichtstrahl auf die Gesichter scheinen, und es tat ihnen leid, daß sie sich auf die Zehen, Pfoten und Flügel getreten waren.

„Kannst du nicht ein bißchen stärker leuchten?“ fragten einige von ihnen.

„Stärker?“ fragte das Glühwürmchen erstaunt. Aber es leuchtete ein bißchen stärker, und der ganze Wald wurde hell und warm. Die Tiere freuten sich so, daß sie sofort einen Geburtstag feiern wollten, obwohl eigentlich gerade keiner Geburtstag hatte.

„Herzlichen Glückwunsch!“ riefen sie sich zu und schüttelten sich die Hände und Pfoten. „Vielen herzlichen Dank!“ Und sie schenkten sich alles, was man verschenken konnte.

Nach einer Weile begannen sie zu tanzen, und das Glühwürmchen saß auf einem Ast in der Birke.

„Geh nicht weg!“ riefen die Tiere zu ihm hinauf.

„Nein, nein“, sagte das Glühwürmchen, das sowieso nicht gewußt hätte, wie man weggeht. Soll ich für immer hierbleiben? überlegte es. Aber was ist das eigentlich, *immer?* Vielleicht dasselbe wie *jetzt?*

Es runzelte die Stirn und zuckte ein wenig mit den leuchtenden Schultern.

Weihnachten irgendwann einmal

Hirokazu Ogura

Warum
gibt es überall so viele Zäune?
Die ganze Welt ist eingezäunt.

Warum
sprechen die Leute verschiedene Sprachen?
Sie meinen doch alle dasselbe.

Warum
sind die Hautfarben nicht einfach egal?
Jeder sieht doch sowieso ganz anders aus.

Warum
machen Erwachsene Krieg?
Gott will das bestimmt nicht.

Warum
vergiften sie die Erde?
Wir haben doch bloß die eine.

Weihnachten – irgendwann einmal –
vertragen sich die Menschen überall.
Dann gibt es einen riesigen Weihnachtsbaum
mit Millionen Kerzen.

Jeder hält eine in der Hand,
und keiner kann den ganzen Baum
von oben bis unten sehen.

Dann sagen alle „Fröhliche Weihnachten"
zueinander,
Weihnachten irgendwann einmal.

Frohes neues Jahr!

FENG JIANNAN

Der Winter singt,
der weiße Schnee tanzt.
Die Erde hat ihre Daunenjacke wieder an.
Kommt, wir bauen
einen Schneemann
und begrüßen Väterchen Neujahr.

Der Winter singt,
der weiße Schnee tanzt.
Wieder ist ein Jahr vorbei.
Väterchen Neujahr bringt uns Geschenke:
Farben, Papier und Pinsel!
Kommt, wir malen ihm schöne Bilder.

Hurra, hurra,
frohes neues Jahr!

Der Hirsch ist in China ein Zeichen für Glück,
und der Hahn verheißt gute Aussichten.
Der Fisch bedeutet Wohlstand,
und der Hund zeigt an, daß in China das Jahr 1994
das „Jahr des Hundes“ ist.

Nachwort

Wie dieses Bilderbuch entstanden ist:

Auf der internationalen Kinderbuchmesse in Bologna 1992 haben UNICEF und die Messeleitung zum ersten Mal an achtzehn Künstler aus aller Welt den „International Illustrators of the Year Award“ verliehen.
Die Auswahl wurde unter den in der „Illustrators Exhibition“ vertretenen Künstlern getroffen. Diese haben sich bereit erklärt, ein Bild zu einer eigenen Geschichte oder eines Autors aus ihrem Land zu schaffen und in einem Bilderbuch zu veröffentlichen, das UNICEF zusammen mit dem Ravensburger Buchverlag herausgibt.
So ist diese vorliegende abwechslungsreiche Sammlung entstanden, die Kindern Bilder und Geschichten aus sechszehn Ländern ins Haus bringt.
In jedem Jahr wird ein neues Unicef-Bilderbuch zu einem anderen Thema erscheinen.